AF094136

www.ingramcontent.com/pod-product-compliance
Lightning Source LLC
LaVergne TN
LVHW020436070526
838199LV00063B/4761
* 9 7 8 9 3 6 9 0 8 9 3 6 9 *

اپنی تصویر

(غزلیں)

اظہر عنایتی

© Azhar Inayati

Apni Tasveer *(Ghazals)*
by: Azhar Inayati
Edition: March '2025
Publisher :
Taemeer Publications LLC (Michigan, USA / Hyderabad, India)

ISBN 978-93-6908-936-9

9 789369 089369

مصنف یا ناشر کی پیشگی اجازت کے بغیر اس کتاب کا کوئی بھی حصہ کسی بھی شکل میں بشمول ویب سائٹ پر اَپ لوڈنگ کے لیے استعمال نہ کیا جائے۔ نیز اس کتاب پر کسی بھی قسم کے تنازع کو نمٹانے کا اختیار صرف حیدرآباد (تلنگانہ) کی عدلیہ کو ہو گا۔

© اظہر عنایتی

کتاب	:	**اپنی تصویر** (غزلیں)
مصنف	:	**اظہر عنایتی**
صنف	:	شاعری
ناشر	:	تعمیر پبلی کیشنز (حیدرآباد، انڈیا)
سالِ اشاعت	:	۲۰۲۵ء
صفحات	:	۱۴۴
سرورق ڈیزائن	:	تعمیر ویب ڈیزائن

اُس خوشبودار شخصیّت مُکرم حسین صدیقی
کے
نام
جس کی نوازشوں اور کرم فرمائیوں
کے
بغیر
"اپنی تصویر میں اشاعت کا رنگ بھرنا
ممکن
نہیں
تھا

"اپنی تصویر" بناؤ گے تو ہوگا احساس
کتنا دشوار ہے خود کو کوئی چہرہ دینا

نام ---------- اظہر علی خاں

تخلص -------- اظہر عنایتی (عنایتی کا لاحقہ اُستاد کی نسبت کی علامت ہے)

والد ---------- صفدر علی خاں

تاریخ پیدائش ---------- ۱۵ اپریل ۱۹۴۶ء

استاد ---------- حضرت محشر عنایتی مرحوم

تعلیم ---------- بی۔ اے۔ ایل ایل۔ بی (ایڈوکیٹ)

شعری سفر کی ابتدا ---------- ۱۹۵۸ء

پہلا مجموعۂ غزلیات ---------- "خود کلامی" (۱۹۸۰ء)

مستقل پتا ---------- پھرٹا شیخ۔ رام پور۔ یوپی ۲۴۴۹۰۱

اِشاریہ

اظہر کی غزل اور ہماری قدریں

جو عظمتیں ہمیں پروردگار دیتا ہے

مشعلِ حرف و نوا ہے کہ ہے سیرت تیری

جب تک سفید آندھی کے جھونکے چلے نہ تھے

بلند ہو کے انکسار کرنے والے کیا ہوئے

فکر میں ہیں ہمیں اُلجھانے کی

حقیقتوں کا نئی رت کی ہے ارادہ کیا

کتابیں جب کوئی پڑھتا نہیں تھا

تمام شخصیت اُس کی حسیں نظر آئی

جانے آیا تھا کیوں مکان سے میں

قیامت آئے گی مانا یہ حادثہ ہوگا

ہر ایک رات کو مہتاب دیکھنے کے لیے

وہ مجھ سے میرا تعارف کرانے آیا تھا

نظر کی زد میں سر کوئی نہیں ہے

خطرۂ جاں سے بچا دیتا ہوں

اب مری آشُفتگی کو یہ ہُنر بھی آئے

کبھی قریب کبھی دُور رہو کے روتے ہیں
آنکھوں میں نسیمِ خواب کا منظر نہ آئے گا
کیا کیا نواحِ چشم کی رعنائیاں گئیں
کوئی سایہ، کوئی منظر، کوئی چہرہ بھی نہیں
اِس بار اُن سے مل کے جدا ہم جو ہو گئے
دِلوں سے آگ جو نکلی ۔بن مکانوں کو
غموں سے یوں وہ فرار اختیار کرتا تھا
یہ کیا کہ رنگ ہاتھوں سے اپنے چھڑائیں ہم
ذرا جو زور ندی کے بہاؤ میں ہوگا
ابھی سے شام کہاں دھوپ اقتدار میں ہے
طلسموں کی صورت پُراسرار سا
خواب جب ایک تھے اس کے میرے
میسر ہو جو لمحہ دیکھنے کو
میں نہ ڈوبوں گا خدا ہے میرا
اب وہ لشکر نہ وہ خیمے ہوں گے
بادشاہی تھی مقدر میرا
بچھڑ جانے کا یوں صدمہ بہت ہے
ساتھ چھٹنے کے جو قصے نکلے
نہیں کچھ اعتبار ان منظروں کا
وہ زخموں کو پذیرائی ملی ہے
کبھی میرے ترکش کے تیروں میں تھا

اک غلامی تھی محبت اُس کی
اِس بلندی پہ کہاں تھے پہلے
میں شہرِ لفظ میں جو باکمال ہو جاؤں
ختم رشتہ جو بزرگوں کی روایت سے ہوا
دن کا چہرہ بھی چھپ گیا صاحب
وہ تڑپ جائے اشارہ کوئی ایسا دینا
رنگتوں کے جو یہ پیکر ہیں میاں
کہاں آ بیٹھے ہم بھی پاگلوں میں
خط اُس کے اپنے ہاتھ کا آتا نہیں کوئی
وہ جس کو دھوپ میں ہمراہ میرے دیکھا تھا
ہم نے جو قصیدوں کو مناسب نہیں سمجھا
میں سمندر تھا مجھے چین سے رہنے نہ دیا
بے خطر اتنے ہی پنچھی ہوں گے
مقتلِ بے امان ہے میں ہوں
رنگتیں معصوم چہروں کی بجھا دی جائیں گی
اپنے خوں کا نشان دے جاؤں
بڑے سر پھرے سے نبھا کر چلے
اس راستے میں جب کوئی سایہ نہ پائے گا
مرے خدا، مرے دل کو محبتیں دے دے
مجھے محاذِ غزل پر لہو لہو کر دے

تاج کی شکل میں تخلیق تو رہ جاتی ہے

اپنی تصویر (غزلیں)　　10　　اظہر عنایتی

سارے عالم میں تھی چاہت اُس کی	مسز اندرا گاندھی
لہجے کا رنگ، نکہتِ فن ساتھ لے گیا	جوشؔ ملیح آبادی
شہرِ اُردو میں جو اک تاج محل تھا، نہ رہا	فراقؔ گورکھپوری
کتاب خانے کا وہ محافظ	مولانا عرشی
اُٹھ گیا آج شہر یارِ غزل	محشرؔ عنایتی
غزل کا خالق و پروردگار تھا وہ بھی	سحرؔ رام پوری
مُفلسی میں تونگروں جیسا	استاد رام پوری
کیسا رفیق یار جہاں سے گزر گیا	نازش نیازی
سلسلہ اک نئے دماغوں کا	مولانا کلب عابد
آدمیت کا اعتبار تھا تو	مولانا جمیل الدین احمد نظامی
کھو گیا آج نہ کھونے والا	صغیرؔ رام پوری

اظہر کی غزل اور ہماری قدریں

بڑے اور اچھے شاعر کی ایک خوبی یہ بھی ہوتی ہے کہ اُس کا شعر پڑھنے یا سُننے والے کو یہ محسوس ہو کہ یہ شعر تو میرے لیے کہا گیا ہے لیکن اس مقام تک پہنچنا بڑا جان جوکھوں کا کام ہے۔ اپنے اشعار میں عام آدمی کے احساسات کو بیان کرنے کے لیے یہ ضروری ہوتا ہے کہ شاعر اپنے ذاتی غم و آلام کے ساتھ ساتھ دوسروں کے دُکھوں کو اوڑھا کرے اور اُن کو اپنے دُکھ جان کر بھوگا بھی کرے۔ مشاہدے کا یہی وصف ہے جو اظہر عنایتی کے کلام کو تجربات کی بھٹی میں تپا کر کندن بناتا ہے۔

اظہر کے یہاں ہمارے معاشرے کی اعلیٰ اور صحت مند اقدار کی شکست و ریخت کا غم اور موجودہ دَور کی کھوکھلی زندگی کا کرب جب شعری پیکر میں اسیر ہو جاتے ہیں تو اس میں ایک عجیب قسم کا نیا پن نظر آتا ہے۔ اقدار کا ٹوٹنا اگرچہ ایک قدرتی عمل ہے کیونکہ بہر لمحہ، بہر ساعت احوالِ عالم دگرگوں ہوتا رہتا ہے، لیکن ہمارے معاشرے میں یہ تغیّر اس قدر تیز رفتاری کے ساتھ ظہور پذیر ہوا ہے کہ ہم اپنی شناخت ہی کھو بیٹھے ہیں اور اس کا سبب یہ ہے کہ ہم نے غیر ارادی طور پر اُن بنیادوں کو ہی ہلا دیا جن پر ہمارا معاشرہ تعمیر ہوا تھا۔ یہ بُنیاد تھی ایک مشترک کُنبہ جو ایک اکائی ہوتا تھا۔ ہم نے اس اکائی کو توڑ کر کتنی ہی اِکائیاں بنا ڈالیں اور نتیجہ یہ ہوا کہ ہم ہم ہی نہیں رہے۔ اظہر کے اندر کا شاعر اس اہم ترین مسئلے کے تئیں بے قرار بھی ہے اور بیدار بھی۔ اس کا ثبوت ہیں وہ شعری پیکر جن میں ہندوستانی معاشرے کی ٹوٹتی ہوئی اقدار نوحہ خواں ہیں ؎

اظہار پر تو پہلے بھی پابندیاں نہ تھیں
لیکن بڑوں کے سامنے ہم بولتے نہ تھے

بڑھتی رہے شہرت بھی مری عمر بھی اظہر
میں اپنے بزرگوں سے بڑا ہو نہیں سکتا

مزاج ہی میں بزرگوں سے ہم نہیں بدلے
وہ چہرے مُہرے کی ساری شباہتیں بھی گئیں

یہ کیسے ختم ہو گئیں زباں کی پاسداریاں
وہ دشمنوں پہ اعتبار کرنے والے کیا ہوئے

معاشرے کا یہ تغیر اگر ہمیں بلندی کی طرف لے گیا ہوتا تو ہم ایسے اشعار کو NOS-TALGIA کہہ کر رد کر دیتے۔ مگر واقعہ تو یہ ہے کہ ہم اس تغیر کے ہاتھوں بے سمت منزلوں کے مسافر ہو کر رہ گئے ہیں۔ بقول اظہر عنایتی ؎

عجب سفر ہے مجھے بھی پتا نہیں اظہر
کہ اگلے موڑ پہ کردار میرا کیا ہوگا

مرے چراغ کو جلتا نہ دیکھنے کے لیے
عجب حریف ہے آندھی کے انتظار میں ہے

عجب سنجیدگی تھی شہر بھر میں کہ پاگل بھی کوئی ہنستا نہیں تھا

اِن اشعار میں جو NOSTALGIA قاری کو چھوتا ہے اُس سے انکار نہیں لیکن ان میں معاشرے کا آئینہ بننے اور آئینہ دکھانے کی جو بے پناہ صلاحیت ہے وہ قابلِ قدر بھی ہے اور لائقِ ستائش بھی۔

ڈاکٹر نریش
پروفیسر جدید ادب۔ پنجاب یونی ورسٹی
چنڈی گڑھ

جو عظمتیں ہمیں پروردگار دیتا ہے
تو ریگ زاروں میں ناقہ سوار دیتا ہے

کبھی اندھیرے میں جگنو کو ہم ترستے ہیں
کبھی وہ غار میں سورج اتار دیتا ہے

کہیں نمائشیں کرتا ہے وہ نشیبوں کی
کہیں زمین کو وہ کوہسار دیتا ہے

وہی جو بھرتا ہے کشکول ہم گداؤں کے
وہ بادشاہوں کو بھی افتخار دیتا ہے

وہ بھیجتا ہے کڑی دُھوپ کے محاذوں پر
وہی شجر بھی ہمیں سایہ دار دیتا ہے

جُدائیاں جو وہ دیتا ہے ملنے والوں کو
تو ہم سفر بھی بڑے غم گُسار دیتا ہے

عطا کرے گا وہی خواب میری آنکھوں کو
وہ تتلیوں کو جو نقش و نگار دیتا ہے

مشعلِ حرفِ نوا ہے کہ ہے سیرت تیری
حق بیانی کی ادا ہے کہ ہے سیرت تیری

کس نے ماحول میں روشن کیا اللہ کا نام
یہ اذانوں کی فضا ہے کہ ہے سیرت تیری

ایک عالم ہے کہ سیراب ہوا جاتا ہے
کوئی ساون کی گھٹا ہے کہ ہے سیرت تیری

اتنی سچائی تو جذبوں میں نہیں تھی پہلے
مل گئے ہونٹوں کی دُعا ہے کہ ہے سیرت تیری

کتنے معصوم ہیں محتاط روی کے انداز

بجرتِ بادِ صبا ہے کہ ہے سیرت تیری

بندگی کے ہمیں آداب سکھائے تو نے

طرزِ تسلیم و رضا ہے کہ ہے سیرت تیری

ایک ہی رنگ ہے افکار سے کردار تلک

اب یہ قرآن کھلا ہے کہ ہے سیرت تیری

جب تک سفید آندھی کے جھونکے چلے نہ تھے
اتنے گھنے درختوں سے پتّے گرے نہ تھے

اظہار پر تو پہلے بھی پابندیاں نہ تھیں
لیکن بڑوں کے سامنے ہم بولتے نہ تھے

اُن کے بھی اپنے خواب تھے اپنی ضرورتیں
ہمسائے کا مگر وہ گلا کاٹتے نہ تھے

پہلے بھی لوگ ملتے تھے لیکن تعلقات
انگڑائی کی طرح تو کبھی ٹوٹتے نہ تھے

پکّے گھروں نے نیند بھی آنکھوں کی چھین لی
کچّے گھروں میں رات کو ہم جاگتے نہ تھے

رہتے تھے داستانوں کے ماحول میں مگر
کیا لوگ تھے کہ جھوٹ کبھی بولتے نہ تھے

اظہر وہ مکتبوں کے پڑھے معتبر تھے لوگ
بیساکھیوں پہ صرف سند کی کھڑے نہ تھے

مزاج ہی میں بزرگوں سے ہم نہیں بدلے
وہ چہرے مہرے کی ساری شباہتیں بھی گئیں

بلند ہو کے انکسار کرنے والے کیا ہوئے
وہ پیدلوں کو شہ سوار کرنے والے کیا ہوئے

یہ کیسے ختم ہو گئیں زباں کی پاسداریاں
وہ دشمنوں پہ اعتبار کرنے والے کیا ہوئے

بڑوں کے جو خلاف کچھ نہ سن سکے نہ کہہ سکے
وہ نسبتوں پہ جاں نثار کرنے والے کیا ہوئے

یہ اسپ کیسے رک گئے غبار اٹھتا دیکھ کر
چڑھی ہوئی ندی کو پار کرنے والے کیا ہوئے

تقیم ہو کے رہ گئے عجائبات کے نقوش
وہ پتھروں کو شاہکار کرنے والے کیا ہوئے

بلند ہو کے سوچتے تھے جسم کی جو سطح سے
وہ خواہشوں کو سنگسار کرنے والے کیا ہوئے

چمک دمک کی دَوڑ میں ہمیں اکیلا چھوڑ کر
وہ سادہ زندگی سے پیار کرنے والے کیا ہوئے

اُنگلیاں مضبوط ہاتھوں سے چُھٹیں
بھیڑ میں بچّے اکیلے ہو گئے

فکر میں ہیں بُجھانے کی
آندھیاں مِیر کے زمانے کی

میرا گھر ہے پُرانے وقتوں کا
اُس کی آنکھیں نئے زمانے کی

اب کوئی بات بھولتا ہی نہیں
ہائے وہ عُمر بھول جانے کی

اپنے اندر کا شور کم تو ہوا
خامُشی میں کتاب جنانے کی

ایک منظر تھا یاد رکھنے کا
ایک تصویر تھی بنانے کی

کاش پہنچے نہ میرے بچّوں تک
یہ بناوٹ مرے گھرانے کی

جاگنے میں گزار دیں اظہر!
وہ جو راتیں تھیں نیند آنے کی

بے کار ہی دینا ہیں بُزرگوں کے حوالے
اب کون کسی کو یہاں پہچان رہا ہے

حقیقتوں کا نئی رُت کی ہے ارادہ کیا
کہانیوں ہی میں لے سانس شاہزادہ کیا

یہ رنگ زار ہے اپنا پَروں پہ تتلی کے
دھنک ہو خود میں تو پھولوں سے استفادہ کیا

محبّتوں میں یہ رُسوائیاں تو ہوتی ہیں
شرافتیں تری کیا، میرا خانوادہ کیا

اگر وہ پھینک دے کشکول اپنے ورثے کا
تو اِس جہاں میں کرے بھی فقیرزادہ کیا

ضدیں تو شان ہوا کرتی ہیں رئیسوں کی
جو چوتھی سمت نہ جائے وہ شاہزادہ کیا

یہ میرے نقش، یہ میری شرافتیں اظہر !
اب اور چاہیے اِس سے مجھے زیادہ کیا

راستو! کیا ہوئے وہ لوگ جو آتے جاتے
میرے آداب پہ کہتے تھے کہ جیتے رہیے

کتابیں جب کوئی پڑھتا نہیں تھا
فضا میں شور بھی اتنا نہیں تھا

عجب سنجیدگی تھی شہر بھر میں
کہ پاگل بھی کوئی ہنستا نہیں تھا

بڑی معصوم سی اپنائیت تھی
وہ مجھ سے رور جب ملتا نہیں تھا

جوانوں میں تصادم کیسے رکتا
قبیلے میں کوئی بوڑھا نہیں تھا

پُرانے عہد میں بھی دُشمنی تھی
مگر ماحول زہریلا نہیں تھا

سبھی کچھ تھا غزل میں اُس کی اظہر
بس اک لہجہ مرا جیسا نہیں تھا

رُت بھی سردی کی ہے اور یہ بھی نہیں ہے ممکن
رات کے واسطے کچھ دُھوپ بچا کر رکھ لوں

تمام شخصیت اُس کی حسیں نظر آئی
جب اُس کے قتل کی اخبار میں خبر آئی

شریف لوگ چڑھے جب نہیں ہیں کوٹھوں پر
تو کس کے ساتھ یہ تہذیب بام پر آئی

گزر کے مجھ کو خد و خال کے سرابوں سے
تمام شہر میں بے چہرگی نظر آئی

خموش کیا ہوئی بڑھیا سفید بالوں کی
کہانیوں کی کوئی رات پھر نہ گھر آئی

عجیب شخص تھا کچھ دیر گفتگو جو ہوئی
دل و دماغ میں اک روشنی اُتر آئی

دُعائیں مانگ رہے تھے ہَوا کی لوگ مگر
ہَوا چلی بھی تو آنکھوں میں دھول بھر آئی

گُلاب ٹوٹ کے بکھرا تھا کل جہاں اظہر
اُسی مقام پہ خوشبو مجھے نظر آئی

— —

ٹوٹ کر چُبھ رہا ہے آنکھوں میں
آئنہ تو نہیں تھا خواب مرا

جانے آیا تھا کیوں مکان سے میں
کیا خریدوں گا اِس دُکان سے میں

ہو گیا اپنی ہی اَنا سے ھلاک
دَب گیا اپنی ہی چٹان سے میں

ایک رنگین سی بغاوت پر
کٹ گیا سارے خاندان سے میں

روز باتوں کے تیر چھوڑتا ہوں
اپنے اجداد کی کمان سے میں

مانگتا ہوں کبھی لرز کے دُعا

کبھی لڑتا ہوں آسمان سے میں

اے مرے دوست تھک نہ جاؤں کہیں

تری آواز کی تھکان سے میں

ڈرتا رہتا ہوں خود بھی اظہر خاں

اپنے اندر کے اس پٹھان سے میں

پڑوس میں بڑا ہمدردیوں کا چرچا ہے

اندھیری رات میں اک چیخ مار کر دیکھوں

قیامت آئے گی مانا یہ حادثہ ہو گا
مگر چھپا ہوا منظر تو رُو نما ہو گا

مُصاحبوں میں گھرے ہوں گے ظلِ سُبحانی
غنیم شہر کو تاراج کر رہا ہو گا

ابھی فضا میں تھی اک تیز روشنی کی لکیر
نہ جانے ٹوٹ کے تارا کہاں گرا ہو گا

عزیز مجھ سے تھا انعام میرے سر کا اُسے
رئیس ایک ہی شب میں وہ ہو گیا ہو گا

ہوئی جو بات تو وہ عام آدمی نکلا
گمان تھا کہ نئے رُخ سے سوچتا ہوگا

رہے گا سامنے کب تک یہ نیلگوں منظر
یہ آسمان کہیں ختم تو ہوا ہوگا

عجب سفر ہے مجھے بھی پتا نہیں اظہر
کہ اگلے موڑ پہ کردار میرا کیا ہوگا

رستے میں کوئی بھیڑ نہ تھی تیرگی نہ تھی
اک شخص میرے ساتھ تھا کس طرح کھو گیا

ہر ایک رات کو مہتاب دیکھنے کے لیے
میں جاگتا ہوں ترا خواب دیکھنے کے لیے

نہ جانے شہر میں کس کس سے جھوٹ بولوں گا
میں گھر کے پھولوں کو شاداب دیکھنے کے لیے

اِسی لیے میں کسی اور نہ ہو جاؤں
مجھے وہ دے گیا اک خواب دیکھنے کے لیے

کسی نظر میں تو رہ جائے آخری منظر
کوئی تو ہو مجھے غرقاب دیکھنے کے لیے

عجیب سل ہے بہا نا مگر تم آ جانا
ہمارے گاؤں کا سیلاب دیکھنے کے لیے

پڑوسیوں نے غلط رنگ دے دیا اظہر
وہ چھت پہ آیا تھا مہتاب دیکھنے کے لیے

گھر سے کس طرح میں نکلوں کہ یہ مدھم سا چراغ
میں نہیں ہوں گا تو تنہائی میں بجھ جائے گا

وہ مجھ سے میرا تعارف کرانے آیا تھا
ابھی گزر جو گیا اک عظیم لمحہ تھا

سُنا ہے میں نے یہاں سُرخ گھاس اُگتی تھی
وہ بادشاہ یہیں اپنی جنگ ہارا تھا

ہماری رات سے بہتر تھی اگلے وقت کی رات
ہر ایک گھر میں دیا صبح تک تو جلتا تھا

عزیز مجھ کو بھی تھے نقش اپنے ماضی کے
اُسے بھی شوق پرانی عمارتوں کا تھا

اب اپنے سر کا تحفظ بھی آپ خود کیجے
فضا میں آپ نے پتھر بھی خود اُچھالا تھا

گیا تو اپنی اُداسی بھی دے گیا مجھ کو
تمام دن جو مرے ساتھ ہنستا رہتا تھا

اب اُس سے ایک بڑا نام جڑ گیا اظہر
جو شاہ کار مری فکر نے بنایا تھا

وہی دروازہ ، وہی گھر، وہی میں ہوں لیکن
کون رہتا ہے یہاں کس کو صدا دی جائے

نظر کی زد میں سر کوئی نہیں ہے
فصیلِ شہر پر کوئی نہیں ہے

بہت مخلص ہیں اُس کے گاؤں والے
پڑھا لکھا مگر کوئی نہیں ہے

خبر اک گھر کے جلنے کی ہے لیکن
بچا بستی میں گھر کوئی نہیں ہے

کہیں جائیں، کسی بھی وقت آئیں
بڑوں کا دل میں ڈر کوئی نہیں ہے

مجھے خود ٹوٹ کر وہ چاہتا ہے
مگر اس میں ہنر کوئی نہیں ہے

ہم اپنے ساتھ جائیں بھی کہاں تک
ہمارا ہم سفر کوئی نہیں ہے

ابھی آندھی پہ اظہرؔ تبصرے ہیں
چراغوں کی خبر کوئی نہیں ہے

بہت ہی فاصلہ تھا ڈوبتا سورج نہ سن پایا
صدا دیتا رہا میں روشنی کچھ چھوڑ کر جانا

خطرۂ جاں سے بچا دیتا ہوں
پنچھیوں کو مَیں اُڑا دیتا ہوں

میری آواز پہ رُکنے والو!
جاؤ، مَیں خود کو صدا دیتا ہوں

اتنے دیکھے ہیں سُنہرے سپنے
سب کو تعبیر بتا دیتا ہوں

لوگ بازار میں لے آتے ہیں
مَیں جو تصویر بنا دیتا ہوں

مَیں کہ جھونکا ہوں نئے موسم کا
زرد پتّوں کو گرا دیتا ہوں

خالی ہاتھوں سے ندامت ہے اگر
مَیں تجھے سنگ اُٹھا دیتا ہوں

کچھ مزاج اُس کا بھی جذباتی ہے
مَیں بھی کچھ بات بڑھا دیتا ہوں

ادھوری گھر میں تصویریں بہت ہیں
مرے پیروں میں زنجیریں بہت ہیں

اب مری آشفتگی کو یہ ہنر بھی آئے
جس کو محسوس کروں میں وہ نظر بھی آئے

طشت میں رکھ دیئے ظالم نے سروں کے منظر
دیکھنے کے لیے اب کوئی ظفر بھی آئے

اب مرے عہد کتابیں تجھے درکار ہیں کیا
آسمانوں سے صحیفے تو اُتر بھی آئے

کچھ نہ کچھ سنگ تحفظ کو تو میں بھی رکھ لوں
مشتعل بھیڑ یہ ممکن ہے ادھر بھی آئے

بُوڑھی دیواروں کے شیشے اُن سے خمی کردیں
چاند آنگن میں اگر میرے اُتر بھی آئے

جس نے جو زہر مراسم کے دیئے تھے اظہر
میرے لہجے سے وہی زہر اُبھر بھی آئے

تری آنکھیں نہیں کیا میری آنکھیں
تری آنکھوں سے میں کچھ دیر سو لوں

کبھی قریب. کبھی دُور ہو کے رہتے ہیں
محبّتوں کے بھی موسم عجیب ہوتے ہیں

ذہانتوں کو کہاں وقت خوں بہلنے کا
ہمارے شہر میں کردار قتل ہوتے ہیں

فضا میں ہم نہ بناتے ہیں آگ کے منظر
سمندروں میں ہمیں کشتیاں ڈبوتے ہیں

پلٹ چلیں کہ غلط آ گئے ہمیں شاید
رئیس لوگوں سے ملنے کے وقت ہوتے ہیں

میں اُس دیار میں ہوں بے سکون برسوں سے
جہاں سکون سے اجداد میرے سوتے ہیں

گزار دیتے ہیں عمریں خلوص کی خاطر
پرانے لوگ بھی اظہرؔ عجیب ہوتے ہیں

تمام شہر میں کس طرح چاندنی پھیلی
کہ ماہتاب تو کل رات میرے گھر میں تھا

آنکھوں میں فتحِ خواب کا منظر نہ آئے گا
اِن سرحدوں میں اب کوئی لشکر نہ آئے گا

شب خوان جس پہ ہارنے بیٹھے ہیں چند لوگ
وہ شخص چوڑیاں تو پہن کر نہ آئے گا

ہر سمت انتقام تہی دست ہو گئی
اب آنے والوں پر کوئی پتھر نہ آئے گا

سورج ڈبو کے خوش تھے بہت تیرگی پسند
اور یہ بھی تھا گمان ابھر کر نہ آئے گا

بچّوں کی ضد کا بھی نہیں ٹوٹے گا سلسلہ
اور چاند بھی زمیں پہ اُتر کر نہ آئے گا

اب اُس نے خودکشی کا ارادہ بدل دیا
اب راستے میں کوئی سمندر نہ آئے گا

اظہر کسے صدائیں لگاتے ہو تم یہاں
کوئی حصارِ ذات سے باہر نہ آئے گا

خوبصورت وہ بھی اتنا تھا کہ رستا رُک گیا
پھر جو لوگوں پر ہوا وہ حادثہ اچھا لگا

کیا کیا نواحِ چشم کی رعنائیاں گئیں
موسم گیا، گلاب گئے، تتلیاں گئیں

جھوٹی سیاہیوں سے ہیں شجرے لکھے ہوئے
اب کے حسب نَسب کی بھی سچائیاں گئیں

کس ذہن پہ یہ سارے محاذوں پہ جنگ تھی
کیا فتح ہو گیا کہ صف آرائیاں گئیں

کرنے کو روشنی کے تعاقب کا تجربہ
کچھ دُور میرے ساتھ بھی پرچھائیاں گئیں

آ گئے تو بے چراغ گھروں کا ہے سلسلہ
میرے یہاں سے جانے کہاں آندھیاں گئیں

اظہر مری غزل کے سبب اب کے شہر میں
کتنی نئی پُرانی شناسائیاں گئیں

پڑوس والو! دریچوں کو مت کھُلا چھوڑو
تمھارے گھر سے بہت روشنی نکلنے لگی

کوئی سایہ، کوئی منظر، کوئی چہرہ بھی نہیں
اور میں خودِ نظارہ نہیں، ایسا بھی نہیں

قابلِ داد ہے ہمسائے کی اُونچی دیوار
اب مرے گھر کے لیے دن کا اجالا بھی نہیں

کچھ تری یاد کی فرصت نہیں دیتا ماحول
کچھ میں ٹوٹی ہوئی کڑیوں کو ملاتا بھی نہیں

جانے کیا مانگتے ہیں مجھ سے وہ معصوم ہاتھ
جن کی قسمت کوئی مٹی کا کھلونا بھی نہیں

شب کے آنچل پہ ہوئی کیسے ستارہ کاری
اُس کی آنکھوں سے ستارہ کوئی ٹوٹا بھی نہیں

لوگ پہچان لیا کرتے ہیں جانے کیسے
میری آواز کا قد بھی نہیں چہرہ بھی نہیں

―――

یہ بھی رہا ہے کوچۂ جاناں میں اپنا رنگ
آہٹ ہوئی تو چاند دریچے میں آ گیا

اِس بار اُن سے مل کے جُدا ہم جو ہو گئے
اُن کی سہیلیوں کے بھی آنچل بھگو گئے

چرچا ہوں کا تو حُسن بڑھا شہر کے مگر
جو لوگ نامور تھے وہ پتھر کے ہو گئے

سب دیکھ کر گزر گئے اک پل میں اور ہم
دیوار پر بنے ہوئے منظر میں کھو گئے

مجھ کو بھی جاگنے کی اذیت سے دے نجات
اے رات! اب تو گھر کے دَر و بام سو گئے

کس کس سے اور جلانے محبت جتلاتے ہم
اچھا ہوا کہ بال یہ چاندی کے ہو گئے

اتنی لہو لہان تو پہلے فضا نہ تھی
شاید ہماری آنکھوں میں اب زخم ہو گئے

اخلاص کا مظاہرہ کرنے جو آئے تھے
اظہر تمام ذہن میں کانٹے چبھو گئے

توڑنے نکلا تھا جو شخص سہاروں کا طلسم
آج گھر تک وہی دیوار پکڑ کر آیا

دیوں سے آگ جو لگتی رہی مکانوں کو
مہ و نجوم جلا دیں نہ آسمانوں کو

مرے قبیلے میں کیا شہر بھر سے مل دیکھو
کوئی بھی تیر نہیں دیتا بے کمانوں کو

شکستگی نے گرا دیں سروں پہ دیواریں
مخاصمت تھی مکینوں سے کیا مکانوں کو

یہ سوچتا ہوں وہ کیا حسن کار تیشہ تھا
جو ایسے نقش عطا کر گیا چٹانوں کو

یہی کرے گی کسی سمت کا تعین بھی
اِسی ہَوا نے تو کھولا ہے بادبانوں کو

جہاں ضدیں کیا کرتا تھا بچپنا میرا
کہاں سے لاؤں کھلونوں کی اُن دکانوں کو

جب سے اُس دستِ حنائی کو چھُوا ہے میں نے
ہاتھ جس چیز پہ رکھتا ہوں مہک جاتی ہے

غموں سے یوں وہ فرار اختیار کرتا تھا
فضا میں اُڑتے پرندے شمار کرتا تھا

بیان کرتا تھا دریا کے پار کے قصّے
یہ اور بات وہ دریا نہ پار کرتا تھا

بچھڑ کے ایک ہی بستی میں دونوں زندہ ہیں
میں اُس سے عشق تو وہ مجھ سے پیار کرتا تھا

یونہی تھا شہر کی شخصیتوں کو رنج اُس سے
کہ وہ ضدیں بھی بڑی پُروقار کرتا تھا

کل اپنی جان کو دن میں بچا نہیں پایا
وہ آدمی کہ جو آہٹ پہ وار کرتا تھا

وہ جس کے صحن میں کوئی گلاب کھِل نہ سکا
تمام شہر کے بچوں سے پیار کرتا تھا

صد آفتیں تھیں مری بندگی میں جب اظہر
حفاظتیں مری پروردگار کرتا تھا

تنگ ہوتا ہے تو ہو جائے مراسم کا حصار
شاخِ گُل ہم بھی نہیں ہیں کہ لچکتے جائیں

یہ کیا کہ رنگ ہاتھوں سے اپنے چھڑائیں ہم
الزام تتلیوں کے پَروں پر لگائیں ہم

ہوتی ہیں روز روز کہاں ایسی بارشیں
آؤ کہ سر سے پاؤں تلک بھیگ جائیں ہم

اُکتا گیا ہے ساتھ کے اِن قہقہوں سے دل
کچھ روز کو بچھڑ کے اب آنسو بہائیں ہم

کب تک فضول لوگوں پر ہم تجربے کریں
کاغذ کے یہ جہاز کہاں تک اُڑائیں ہم

کردار سازیوں میں بہت کام آئیں گے
بچوں کو واقعات بڑوں کے سُنائیں ہم

اِس کارِ آگہی کو جُنوں کہہ رہے ہیں لوگ
محفوظ کر رہے ہیں فضا میں صدائیں ہم

اظہر سماعتیں ہیں لطیفوں کی مُنتظر
محفل میں اپنے شعر کسے اب سُنائیں ہم

پڑھے لکھوں کا سفر بھی عجیب ہوتا ہے
کہ اک کتاب پڑھے دُوسرا پڑھے چہرہ

ذرا جو زور ندی کے بہاؤ میں ہو گا
مرا حریف بھی میری ہی ناؤ میں ہو گا

بزرگ قصّے سنا کر گزر گئے ہوں گے
دُھواں بھی اب کہاں ٹھنڈے الاؤ میں ہو گا

اُبھرتی، ڈوبتی یہ آہٹیں یہ آوازیں
چلے چلو کوئی لشکر پڑاؤ میں ہو گا

گماں بھی نہیں ہو گا یہ سنگ باروں کو
کہ پُر خلوص وہ میرے بچاؤ میں ہو گا

جسے میں بھیگتا آنگن میں چھوڑ آیا تھا
وہ بچپنا مرا کاغذ کی ناؤ میں ہو گا

لگے گی کوئی تو ٹھوکر سفید پوشی کے
کوئی تو حادثہ اس رکھ رکھاؤ میں ہو گا

کل یہ معصوم جواں ہوں تو نہ جانے ان میں
کون درویش بنے، کون جواری نکلے

ابھی سے شام کہاں دھوپ اقتدار میں ہے
مگر یہ پیڑ پرندوں کے انتظار میں ہے

کھڑا ہے دیر سے شخصیتوں کے رستے میں
نہ جانے کون ہے کس ذہنی انتشار میں ہے

تمام عمر اداکاریاں کرائے گا
چھپا ہوا جو اداکار میرے یار میں ہے

بڑا جنون تھا اُس کو مرے تعاقب کا
اُٹھا ہوا مرے قدموں کے اب غبار میں ہے

میں دکھ رہا ہوں اکیلا مگر خیال رہے
مرا ابھی سارا قبیلہ اِسی دیار میں ہے

مرے چراغ کو جلتا نہ دیکھنے کے لیے
عجب حریف ہے آندھی کے انتظار میں ہے

ابھی مرا نہیں بوڑھا جنگ جُو اظہرؔ!
ابھی کمان لیے دستِ رعشہ دار میں ہے

ہمارے شہر میں کوئی بھی سربلند نہ ہو
کسی فقیر کی شاید دُعا ہی ایسی ہے

طلسموں کی صورت پُراسرار سا
وہ اک شخص اظہر مرا یار سا

قبیلے کا سب سے بڑا آدمی
کہانی کا رنگین کردار سا

اگر زندگی سنسنی خیز ہو
تو میں بھی پڑھا جاؤں اخبار سا

بڑا خوبصورت سا اک ہم سفر
گلے میں وہ باہوں کا اک ہار سا

وہ اک پل کسی سے مری گفتگو
بہت دیر تک ذہن بیکار سا

وراثت میں اک نیم جاں سی زباں
میں خود اپنے فن کا عزادار سا

―――――

یوں دیکھ رہا ہوں اُنھیں آئینے میں جیسے
خود تاج محل شاہجہاں دیکھ رہا ہے

خواب جب ایک تھے اُس کے میرے
کیا دھنک رنگ تھے رستے میرے

آج میں یار تجھے مان گیا
زخم تجھ سے نہیں گہرے میرے

کتنا معصوم بنا دیتے ہیں
مجھ کو گھر میں یہ کھلونے میرے

دشت کی رات کو صدیوں کے لیے
روشنی دے گئے خیمے میرے

میری مُٹھی میں صداقت کب تھی
سنگ ریزے نہیں بولے میرے

اگلے وقتوں کی ہیں باتیں میری
اِس پہ ناراض ہیں بچے میرے

شہر میں آگ لگا دی اظہر
اختلافات نے تیرے، میرے

آباد کار لمحو! تمھاری اُمید پر
بیٹھے ہیں شہرِ زیست میں کچھ خانماں خراب

میسّر ہو جو لمحہ دیکھنے کو
کتابوں میں ہے کیا کیا دیکھنے کو

ہزاروں قدِ آدم آئنے ہیں
مگر ترسو گے چہرہ دیکھنے کو

ابھی ہیں کچھ پُرانی یادگاریں
تم آنا شہر میرا دیکھنے کو

پھر اس کے بعد تھا خاموش پانی
کہ لوگ آئے تھے دریا دیکھنے کو

ہَوا سے ہی کُھلتا تھا اکثر
مجھے بھی اک دریچہ دیکھنے کو

قیامت کا ہے سناٹا فضا میں
نہیں کوئی پرندہ دیکھنے کو

ابھی کچھ پھول ہیں شاخوں پہ اظہر
مجھے کانٹوں میں اُلجھا دیکھنے کو

کچھ عارضی اُجالے بچائے ہوئے ہیں لوگ
مُٹھی میں جگنوؤں کو چُھپائے ہوئے ہیں لوگ

میں نہ ڈوبوں گا خدا ہے میرا
یہ غزل میری عصا ہے میرا

ساتھ چھوڑا ہے جہاں سورج نے
ہم سفر چاند ہُوا ہے میرا

وہ بھی سوتا ہے کتابیں پڑھ کر
خواب روشن جو ہوا ہے میرا

میں بُرا ہوں تو نبھالے مجھ کو
ہاتھ کیوں چھوڑ رہا ہے میرا

تیر جھنجھلا کے چلایا اُس نے
جب تعاقب نہ ہُوا ہے میرا

کل اِسے کون پڑھے گا اظہر!
نام اُردو میں لکھا ہے میرا

کس قدر وہ جانتا تھا اہلِ غم کی نفسیات
ایک ہی جملے میں دل کا بوجھ ہلکا کر گیا

اب وہ لشکر نہ وہ خیمے ہوں گے
تم نے میدان ہی دیکھے ہوں گے

میں اُسے یاد بھی آتا ہوں گا
سلسلے ٹوٹ بھی جاتے ہوں گے

تم نے چاہت کا بھرم رکھنے کو
ہم سے کچھ جھوٹ بھی بولے ہوں گے

لوگ پتھر کے زمانے والے
کیا محبت نہیں کرتے ہوں گے

بچپنا لوٹ کے پھر آئے گا
ہم بھی اظہر کبھی بوڑھے ہوں گے

بادشاہی تھی مقدّر میرا
سر مرا لے گیا لشکر میرا

ایک تلوار مُحافظ تھی مری
اور اک نام تھا رہبر میرا

اک دِیا بھی نہیں بجھنے دیتا
زور چلتا جو ہَوا پر میرا

میں سراؤں میں خلا کے گُم ہوں
اور سب کچھ ہے زمیں پر میرا

رُوح میں جب مری اُترا کوئی
دیکھتا رہ گیا منظر میرا

بچھڑ جانے کا یوں صدمہ بہت ہے
وہ میری ہی طرح تنہا بہت ہے

ابھی نا آشنا ہے زندگی سے
ابھی بچّہ مرا ہنستا بہت ہے

وہ اِتنا خُوبصورت بھی نہیں ہے
مگر اچھّا مجھے لگتا بہت ہے

مجھے، مجھ سے زیادہ جانتا ہے
کہ فرصت سے بھی ہمسایہ بہت ہے

مجھے بھی اِن بدلتے موسموں نے
لباس اپنا سا پہنایا بہت ہے

مری آواز کو محفوظ کر لو !
کہ میرے بعد سنّاٹا بہت ہے

حقیقت کچھ نہیں پریوں کی اظہر
مگر دلچسپ یہ قصہ بہت ہے

جا نکہتِ بہار کوئی اور کام کر
تجھ سے مشامِ جاں کے دریچے نہ کھل سکے

ساتھ چھُٹنے کے جو قصے نکلے
اشک اُن آنکھوں سے میرے نکلے

ہم تو پیروں میں سمجھتے تھے مگر
آپ کے ذہن میں کانٹے نکلے

لوگ سنجیدہ سمجھتے تھے جنھیں
وہ بھی بچّوں کے کھلونے نکلے

جتنا پتھراؤ اندھیروں کا ہوا
میرے لہجے سے اُجالے نکلے

میں نے جب شہر میں عزت پائی
مجھ سے ہر شخص کے رشتے نکلے

کیا زمانہ ہے کہ اپنے گھر سے
پیار کو لوگ ترستے نکلے

جا بجا ہوں گے تماشے اظہر
جھولیاں لے کے سپیرے نکلے

اک چیخ بھی اُبھری نہیں خاموش فضا میں
شاید کوئی جلتے ہوئے خیموں میں نہیں تھا

نہیں کچھ اعتبار ان منظروں کا
یہ سارا شہر ہے جادوگروں کا

اب اپنے آپ خوشبو ہو گئے ہیں
تعاقب کر کے ہم گل پیکروں کا

اب اُن سے بے تکلف گفتگو ہے
زمانہ لد گیا نامہ بروں کا

اسی پر ہے یہ ہنگامہ فضا میں
سنہرا رنگ ہے میرے پروں کا

بڑے شہروں میں کھو جاؤ گے اظہر
سمندر دُور تک ہو گا سروں کا

وہ زخموں کو پذیرائی ملی ہے

کہ ہر موسم میں پُروائی ملی ہے

بڑی آنکھیں تو ہیں اُس آدمی کی

مگر محدود بینائی ملی ہے

بڑے خوش رنگ ہیں یادوں کے منظر

بڑی دلچسپ تنہائی ملی ہے

وراثت ہے یہ میری نرگسیت

بزرگوں سے خودآرائی ملی ہے

اِسی میں انفرادیت ہے اظہر

یہ لہجے کو جو انگڑائی ملی ہے

———

کبھی میرے ترکش کے تیروں میں تھا
حریفوں میں ہی جو مشیروں میں تھا

کرامت تو کوئی نہ سرزد ہوئی
مگر برگزیدہ فقیروں میں تھا

مراتب کو ملحوظ رکھنا پڑا
شہنشاہ جنگی اسیروں میں تھا

سبھی اک قبیلے کے افراد تھے
بڑا فرق لیکن ضمیروں میں تھا

دھماکوں کے امکان شہروں میں تھے
دُھواں سرحدوں کی لکیروں میں تھا

وہی مسخرہ پن ہے اُس شخص میں
وہ بچپن سے اظہر شریروں میں تھا

آ لیلیٰ حیات کہ اب دُور دُور تک
صحرا ہے اور میری صداؤں کے سلسلے

اک غلامی تھی محبت اُس کی
میرے دل پر تھی حکومت اُس کی

وہ جو انمول بنا لے خود کو
میں لگاتا نہیں قیمت اُس کی

نام سنتے ہی اُبھرتی لیکن
ذہن ہی میں نہیں صورت اُس کی

میں بھی شرطوں کا نہیں ہوں قائل
اور ضدّی سے طبیعت اُس کی

میرے گھر سے ہے بس اپنے گھر تک
کیسی دلچسپ ہے ہجرت اُس کی

وہ جو اک پل نہیں ہوتا تھا جُدا
اب ہے تصویر میں سنگت اُس کی

اِس طرح مجھ سے ترا مل کے بچھڑنا اے دوست
حادثہ تھا تو قریبِ رگِ جاں کیوں نہ ہوا

اِس بلندی پہ کہاں تھے پہلے
اب جو بادل ہیں دُھواں تھے پہلے

نقش مٹتے ہیں تو آتا ہے خیال
ریت پر ہم بھی کہاں تھے پہلے

اب ہر اک شخص ہے اعزاز طلب
شہر میں چند مکاں تھے پہلے

آج شہروں میں ہیں جتنے خطرے
جنگلوں میں بھی کہاں تھے پہلے

لوگ یوں کہتے ہیں اپنے قصّے
جیسے وہ شاہ جہاں تھے پہلے

ٹوٹ کر ہم بھی مِلا کرتے تھے
بے وفا تم بھی کہاں تھے پہلے

حالات یہ کہ اینٹ کا پتھر سے دوں جواب
احساس یہ کہ اپنے بزرگوں کو کیا کہوں

میں شہرِ لفظ میں. جو باکمال ہو جاؤں
نئے سخن کے لیے اک مثال ہو جاؤں

اب اِس قدر بھی مرے یار مجھ کو ساتھ نہ رکھ
کہ تیرا جیسا ہی نازک خیال ہو جاؤں

مجھے تھا ہجر کی رُت کا بھی تجربہ کرنا
وہ چاہتا تھا ہلاکِ وصال ہو جاؤں

امیرِ شہر نہیں میں کہ چھوٹی باتوں پر
کسی کے واسطے وجہِ زوال ہو جاؤں

اگر سپرد وہ کردے خلوص سے خود کو
ہر اک محاذ پہ میں اُس کی ڈھال ہو جاؤں

گھنے درخت کو رَوندا بھی جا نہیں سکتا
اگر ہوں سبزہ تو میں پائمال ہو جاؤں

جو تُو بڑا کوئی درویش ہے تو پھر اظہر
نظر وہ ڈال کہ میں باکمال ہو جاؤں

عجب جنون ہے یہ انتقام کا جذبہ
شکست کھا کے وہ پانی میں زہر ڈال آیا

ختم رشتہ جو بزرگوں کی روایت سے ہوا

ہم خلا میں ہیں یہ احساس کبھی شدت سے ہوا

کچھ دکھائی نہ دیا زخموں کی بارش کے سوا

اب کے پتھراؤ بہت اونچی عمارت سے ہوا

خود کو اک عمر چھپائے ہوئے رکھا جس نے

منکشف مجھ پہ وہی شخص محبت سے ہوا

چھوٹے شہروں میں کہیں چھپتی ہے سازش کوئی

اب کے رسوا وہ بہت اپنی ذہانت سے ہوا

کچھ تو دیواریں بھی تھیں کچّے گھڑوں کی نیچی
خوف کچھ لوگوں میں پیدا مری قامت سے ہوا

رات تو ساتھ مشاہیر کے گزری اظہرؔ!
پھر بھی منصب کا تعین نہ صدارت سے ہوا

جس دن تری دیوار یہ گر جائے گی تجھ پر
پھر کون یہاں ٹھہرے گا اے سایۂ دیوار

دن کا چہرہ بھی چھپ گیا صاحب
اور کتنا ہے فاصلہ صاحب

اک زمانہ ہوا ملے خود سے
نام لے کر پکارنا صاحب

صرف ہمدردیوں کی بات نہیں
زندگی کا سوال تھا صاحب

بند ہیں سب گھروں کے دروازے
کیا لگائے کوئی صدا صاحب

خودکشی حل نہیں مسائل کا
سر میں تیشہ نہ مارنا صاحب

آج محسوس ہو رہا ہے مجھے
کل میں کتنا اُداس تھا صاحب

ایک تصویر ہے کہ میں جس میں
رنگ بھرتا ہوں چھوڑ دیتا ہوں

وہ تڑپ جائے اشارہ کوئی ایسا دینا
اُس کو خط لکھنا تو میرا بھی حوالہ دینا

اپنی تصویر بناؤ گے تو ہوگا احساس
کتنا دشوار ہے خود کو کوئی چہرہ دینا

اس قیامت کی جب اس شخص کو آنکھیں دی ہیں
اے خدا خواب بھی دینا تو سنہرا دینا

اپنی تعریف تو محبوب کی کمزوری ہے
اب کے ملنا تو اُسے ایک قصیدہ دینا

ہے یہی ہم بڑے شہروں میں وقتِ رُخصت
ہاتھ کافی ہے ہَوا میں یہاں لہرا دینا

اِن کو کیا قلعے کے اندر کی فضاؤں کا پتا
یہ نگہبان ہیں اِن کو تو ہے پہرہ دینا

پتّے پتّے پہ نئی رُت کے یہ لکھ دیں اظہر
دُھوپ میں جلتے ہوئے جسموں کو سایہ دینا

حال ہے دل کا جُگنو جیسا
جلتا جائے بُجھتا جائے

رنگتوں کے جو یہ پیکر ہیں میاں
چلتے پھرتے ہوئے منظر ہیں میاں

چاند، تاروں سے نہ دھوکا کھاؤ
رات کے ہاتھ میں پتھر ہیں میاں

رُک گئے لوگ جو رستا چلتے
لاش کے جسم پہ زیور ہیں میاں

تشنگی لے کے نہ واپس جاؤ
اِن سرابوں میں سمندر ہیں میاں

تلخ حالات یوں لگتے ہیں طویل
رات اور دن تو برابر ہیں میاں

آپ ہاتھوں کی لکیریں دکھلائیں
ہم تو قوموں کا مقدر ہیں میاں

اس نئے شہرِ غزل میں اظہر
آپ بھی کوئی سخن ور ہیں میاں

میرے دل پر تو بوجھ تھا غم کا
وہ مرے ساتھ کیوں ہنسا جانے

کہاں آ بیٹھے ہم بھی پاگلوں میں
اُڑا دیں گے یہ سب کچھ قہقہوں میں

بچھڑ جاتے ہیں اب تو ہنستے ہنستے
کبھی ہوتے تھے آنسو آنچلوں میں

کسے فرصت ہے لمبی گفتگو کی
کہاں دل چسپیاں اب ذو سموں میں

ابھی اُس شخص کو سمجھے نہیں ہیں
ابھی کچھ لوگ ہیں خوش فہمیوں میں

تم اب اِس دُھوپ میں کبھی ساتھ رہنا

بہت بھیگے بھی ہیں ہم بارشوں میں

سوا دو چار جاں بازوں کے اظہر

بچا ہے کون اب اگلی صفوں میں

ادا تو دیکھیے اپنائیت کی

مرے لہجے میں بولا جا رہا ہے

خط اُس کے اپنے ہاتھ کا آتا نہیں کوئی
کیا حادثہ ہوا ہے بتاتا نہیں کوئی

گڑیاں جوان کیا ہوئیں میرے پڑوس کی
آنچل میں جگنوؤں کو چھپاتا نہیں کوئی

جب سے بتا دیا ہے نجومی نے میرا نام
اپنی ہتھیلیوں کو دِکھاتا نہیں کوئی

کچھ اتنی تیز دھوپ نئے موسموں کی ہے
بیتی ہوئی رُتوں کو بھلاتا نہیں کوئی

دیکھا ہے جب سے خود کو مجھے دیکھتے ہوئے
آئینہ سامنے سے ہٹاتا نہیں کوئی

اظہر یہاں ہے اب مرے گھر کا اکیلا پن
سورج اگر نہ ہو تو جگاتا نہیں کوئی

ہونٹ ہل پائے، نہ پلکیں اٹھ سکیں
پتھروں تک فنِ آزر رہ گیا

وہ جس کو دھوپ میں ہمراہ میرے دیکھا تھا
وہ میرا یار نہیں تھا وہ میرا سایہ تھا

اُسی کی دین خراشیں ہیں میرے لہجے کی
وہ آدمی جسے میں نے غزل بنایا تھا

رفاقتوں پہ مری ناز بھی بہت تھا اُسے
ضدیں بھی کرنا اُسے میں نے ہی سکھایا تھا

محبّتوں میں اداکاریاں نہیں چلتیں
مجھے وہ ہار گیا جیتنے جو آیا تھا

یہ میں نے کس کو خفا کر کے آج چھوڑ دیا
وہ کون تھا جسے گھر سے منا کے لایا تھا

یہ حادثہ بھی اُسی راستے میں پیش آیا
اک اور دوست کو میں نے جہاں گنوایا تھا

اب اُس کو کوئی ضرورت نہیں مری اظہر
وہ میرے پاس پریشانیوں میں آیا تھا

ذہنوں میں آفتاب روی ہو تو سوچیے
تاریک راستوں پہ کہاں تک میں جاؤں گا

ہم نے جو قصیدوں کو مناسب نہیں سمجھا
شہ نے بھی ہمیں اپنا مصاحب نہیں سمجھا

کانٹے بھی کچھ اس رت میں طرحدار نہیں تھے
کچھ ہم نے الجھنا بھی مناسب نہیں سمجھا

خود قاتلِ اقدارِ شرافت ہے زمانہ
الزام ہے میں حفظِ مراتب نہیں سمجھا

ہم عصروں میں یہ چھیڑ چلی آئی ہے اظہر
یاں ذوق نے غالب کو بھی غالب نہیں سمجھا

میں سمندر تھا مجھے چین سے رہنے نہ دیا
خامشی سے کبھی دریاؤں نے بہنے نہ دیا

اپنے بچپن میں جسے سن کے میں سو جاتا تھا
میرے بچوں نے وہ قصہ مجھے کہنے نہ دیا

کچھ طبیعت میں تھی آوارہ مزاجی شامل
کچھ بزرگوں نے بھی گھر میں مجھے رہنے نہ دیا

سربلندی نے مری شہرِ شکستہ میں کبھی
کسی دیوار کو سر پر مرے ڈھنے نہ دیا

یہ الگ بات کہ میں نوح نہیں تھا لیکن
میں نے کشتی کو غلط سمت میں بہنے نہ دیا

بعد میرے وہی سردارِ قبیلہ تھا مگر
بزدلی نے اُسے اک وار بھی سہنے نہ دیا

کمانِ فکر میں جب تیر رکھنا
نشانہ اپنا عالم گیر رکھنا

بے خطر اُتنے ہی پنچھی ہوں گے
جتنے حملے ترے آندھی ہوں گے

وہ جو معصوم ہیں دوشی ہوں گے
اُن کے اخبار کی سُرخی ہوں گے

ایک ایک شہر میں ہوگا پتھراؤ
ہم جہاں جائیں گے زخمی ہوں گے

میں تو لاشیں بھی گنا دوں لیکن
بد مزہ ظلِّ الٰہی ہوں گے

صرف شہروں میں ضرورت ہوگی
سرحدوں پر نہ سپاہی ہوں گے

اور کچھ حادثے ہوں گے اظہر
اور کچھ بال یہ چاندی ہوں گے

بلندیوں کو غلط زاویئے سے مت دیکھو
تمہارے سر پہ بھی دستار ہے خیال رہے

مقتلِ بے امان ہے میں ہوں
صبر کا امتحان ہے میں ہوں

سب ہیں محفوظ صرف خطرے میں
مسجدیں ہیں، اذان ہے میں ہوں

شہروں شہروں بس ایک منظر ہے
میرا جلتا مکان ہے میں ہوں

لوٹ لے، مار دے، سپاہِ ستم!
یہ مرا خاندان ہے میں ہوں

تاج سر پر نہ ہاتھ میں شمشیر
میری ذہنی تھکان ہے میں ہوں

زخم ہی زخم ہوں مگر اظہر
میرا ہندوستان ہے میں ہوں

غیر کے دل میں تری یاد کبھی یوں آتی ہے
ذہنِ عیاش میں جس طرح طوائف کا خیال

رنگتیں معصوم چہروں کی بجھا دی جائیں گی
تتلیاں آندھی کے جھونکوں سے اُڑا دی جائیں گی

حسرتِ نظارگی بھٹکے گی ہر ہر گام پر
خواب ہوں گے اور تعبیریں چھپا دی جائیں گی

آہٹیں گونجیں گی اور کوئی نہ آئے گا نظر
پیار کی آبادیاں صحرا بنا دی جائیں گی

اس قدر دُھندلائیں گے نقش و نگارِ آرزو
دیکھتے ہی دیکھتے آنکھیں گنوا دی جائیں گی

فرصتیں ہوں گی مگر ایسی بڑھیں گی تلخیاں
صرف یادیں ہی نہیں شکلیں بھُلا دی جائیں گی

اس قدر روئیں گی آنکھیں دیکھ کر پچھلے خطوط
آنسوؤں سے ساری تحریریں مٹا دی جائیں گی

رات کے جگنو پہ ہوگا چڑھتے سورج کا گماں
ظلمتیں ماحول کی اتنی بڑھا دی جائیں گی

دسترس ہو جو خندہ کاری پر
مسخرے بھی عظیم ہوتے ہیں

اپنے خُوں کا نشان دے جاؤں
واقعے کو زبان دے جاؤں

کون یہ جنگ لڑ سکے گا یہاں
کس کو اپنی کمان دے جاؤں

آخری بار اُس سے مل دیکھوں
اور اک امتحان دے جاؤں

فرصتِ عشق ہی نہیں ورنہ
میں بھی اک داستان دے جاؤں

یہ بھی اک راستا نجات کا ہے
وقف میں اک مکان دے جاؤں

ربط کچھ تو رہے مناظر سے
اپنی آنکھوں کا دان دے جاؤں

مہرزادوں سے کیا ہوا اظہر
کس کو اردو زبان دے جاؤں

اظہر جو قتل ہو گیا وہ بھائی تھا مگر،
قاتل بھی میرے اپنے قبیلے کا فرد ہے

بڑے سرپھرے سے نِبھا کر چلے
ہم آندھی کو بادِ صبا کر چلے

نئے لوگ اَٹ جائیں گے گرد میں
اگر دُھواں ہم بھی اُڑا کر چلے

اب آگے سوالات مت کیجیے
ہمیں خود کو اُن سے جُدا کر چلے

برہنہ مناظر کی اِس بھیڑ میں
نظر کوئی کب تک بچا کر چلے

حویلی میں تازہ ہَوا کے لیے
دریچے کئی ہم بھی وَا کر چلے
اُن آنکھوں کے آنچل تھے بھیگے ہوئے
غزل ہم جو اظہر سُنا کر چلے

عجیب رُخ سے ہے اظہر یہ دادِ گمنامی
ہمارا شعر ہمیں کو سُنا گیا اک شخص

اظہر عنایتی 114 اپنی تصویر (غزلیں)

اس راستے میں جب کوئی سایہ نہ پائے گا
یہ آخری درخت بہت یاد آئے گا

بچھڑے ہوؤں کی یاد تو آئے گی جیتے جی
موسم رفاقتوں کا پلٹ کر نہ آئے گا

تخلیق اور شکست کا دیکھیں گے لوگ فن
دریا حباب سطح پہ جب تک بنائے گا

ہر ہر قدم پہ آئنہ بردار ہے نظر
بے چہرگی کو کوئی کہاں تک چھپائے گا

میری صدا کا قد ہے فضا سے بھی کچھ بلند
ظالم فصیلِ شہر کہاں تک اُٹھائے گا

تعریف کر رہا ہے ابھی تک جو آدمی
اُٹھا تو میرے عیب ہزاروں گنائے گا

شعر کہیے تو لفظ بھی اظہر
منتخب کیجے دوستوں کی طرح

مرے خدا، مرے دل کو محبتیں دے دے
مرے بزرگوں کی مجھ کو شرافتیں دے دے

مرا سفر بھی نسیم سحر ہی جیسا ہے
مجھے بھی تازہ گلابوں کی نکہتیں دے دے

مرے بڑوں کو جہاں میں نوازنے والے
مرے بھی سر کو انھیں جیسی عظمتیں دے دے

میں ظلمتوں کے مقابل پہاڑ بن جاؤں
جو تو چٹانوں کی مجھ کو صلابتیں دے دے

سماعتیں مرے لہجے کا اعتبار کریں
مری زبان کو ایسی صداقتیں دے دے

ضمیرِ عہد پیمبر کا کر عطا مجھ کو
صحابیوں کی سی مجھ کو قناعتیں دے دے

جب اس نمونے کا انساں بنا دے اظہرؔ کو
پھر اس کے بعد تو اپنی امانتیں دے دے

مجھے محاذِ غزل پر لہو لہو کر دے
مگر خدا، مرے دشمن کو سُرخ رو کر دے

یہ سرو بھی ترا محتاج اور سبزہ بھی
یہ تیرے بس میں ہے جس کو بلند تو کر دے

یہ خار زار مناظر بھی اب بدل دے تمام
یہ زخم بھی مری آنکھوں کے اب رفو کر دے

اگر کسی کی کبھی کی ہو میں نے حق تلفی
تو میرے ہاتھ سرِ بزم بے وضو کر دے

کسی چراغِ فروزاں پہ میں جو طنز کروں
تو آفتاب کے تُو مجھ کو رُوبرو کردے

جو گُم رہوں کے میں لہجے میں کوئی بات کروں
تو میرے نُطق کو محرومِ گُفت گو کردے

میں تیرے قہر سے آقا پناہ مانگتا ہوں
سمندروں کو جو تُو چاہے آب جُو کردے

تاج کی شکل میں تخلیق تو رہ جاتی ہے

اور مٹ جاتا ہے فنکار یہ قصّہ کیا ہے؟

مسز اندرا گاندھی
"پھول کا قتل"

سارے عالم میں تھی چاہت اُس کی
ذہن و دل پر تھی حکومت اُس کی

آہنی عزم و ارادہ اُس کا
پربتوں جیسی صلابت اُس کی

تھا تدبّر تو تدبّر اُس کا
تھی سیاست تو سیاست اُس کی

ہو گئے کتنے قد آور بونے
جب نمایاں ہوئی قامت اُس کی

امنِ عالم کا جب اُٹھے گا سوال
ذہن میں اُبھرے گی صُورت اُس کی

اب جو رستے میں لگے گی ٹھوکر
یاد آئے گی قیادت اُس کی

جان دے کر بھی حفاظت کرنا
یہ وطن بھی ہے امانت اُس کی

پھول کا قتل تو ہو سکتا ہے
مِٹ نہیں سکتی ہے نکہت اُس کی

جوش ملیح آبادی

لہجے کا رنگ نکہتِ فن ساتھ لے گیا
وہ کیا گیا کہ حُسنِ سخن ساتھ لے گیا

طے کر چکی حیات جب اپنی مسافتیں
وہ اپنا کرب اپنی تھکن ساتھ لے گیا

جب ہو گیا تمام اُجالوں کا ایک دَور
وہ اپنی ایک ایک کرن ساتھ لے گیا

یادوں کی اک بَرات تھی اُس کا اکیلا پن
کتنی جُدائیوں کی چبھن ساتھ لے گیا

اب کس کے در پہ جا کے صدا دیں گی غربتیں
وہ شخص ہجرتوں کا بھی فن ساتھ لے گیا

وہ حبس تھا کہ لُو کی دُعا مانگتا ہوا
ماحول کی تمام گھٹن ساتھ لے گیا

اشعار میں نچوڑ کے وہ اپنے دل کا نُور
تخلیق کاریوں کا چلن ساتھ لے گیا

دے کر کتابِ زیست کا ہم کو ورق ورق
ہم نے جو دے دیا وہ کفن ساتھ لے گیا

فراق گورکھپوری

شہرِ اُردو میں جو اک تاج محل تھا نہ رہا
وہ جو پروردہ آغوشِ غزل تھا نہ رہا

چشمِ مخمور کو میخانہ کہے گا اب کون
زُلفِ شب رنگ کا افسانہ کہے گا اب کون

صبح کو حُسن کی تصویر کہے گا اب کون
شب کو دل والوں کی جاگیر کہے گا اب کون

فکر کی شاخوں پہ اب کون کھلائے گا گلاب
کون شہنازِ تخیّل کی اُٹھائے گا نقاب

پیکرِ شعر میں یوں رنگ بھرے گا اب کون
دُلہنیں "رُوپ" کی تخلیق کرے گا اب کون

کون اُسلُوب کی کشتی کو کنارا دے گا
کون اب لہجے کی نُدرت کو سہارا دے گا

کس پہ کُھل پائیں گے لیلیٰ غزل کے انداز
کون سُن پائے گا کاغذ سے اُبھرتی آواز

حُکمراں نور رہا نصف صدی پر جس کا
آج وہ مہر ہمیشہ کے لیے ڈُوب گیا

مولانا عرشی

کتاب خانے کا وہ محافظ
وہ اگلی تہذیب کی علامت
وہ اک نمونہ شرافتوں کا
کتابیں اتنی پڑھی ہیں اُس نے
کہ لوگ اب اُس کو پڑھ رہے ہیں
قلم سے اتنا لکھا ہے اُس نے
لہو لہو ہاتھ ہو گئے ہیں
ابھی ہے تخلیق بھی ادھوری
ابھی ہے تنقید نامکمّل
ابھی ہے غالب پہ کام باقی
ابھی ہے تفسیر اُس کو لکھنا
ابھی ہے تاریخ کو پرکھنا
ابھی عرب میں ہے مانگ اُس کی
ابھی ہے ایران اُس کا خواہاں
وہ ہے چھہتّر برس کا بوڑھا

وہ تھک گیا ہے
وہ سو گیا ہے
اُسے اُٹھاؤ
وہ سو گیا تو نہ اُٹھ سکے گا
اور اُس کا کوئی بدل نہیں ہے

———

محشر عنایتی

اُٹھ گیا آج شہریارِ غزل
بند ہے سارا کاروبارِ غزل

کون ہے اب امینِ نازو ادا
کس کو ٹھہرائیں رازدارِ غزل

کس کی آنکھوں میں اب جگہ پائے
کشمکش میں ہی خوابِ زارِ غزل

نذر ہیں کس کا احترام کریں
کون ایسا ہے رکر دگارِ غزل

کون مشاطگی کو آئے گا
منتظر کس کی ہے نگارِ غزل

کس کی غزلیں ہیں آبروئے سخن
کس کے اشعار شاہکارِ غزل

مٹتے جاتے ہیں معتبر فنکار
اُٹھتا جاتا ہے اعتبارِ غزل

شمع آخر بھی بُجھ گئی اظہر
اب کہاں کوئی یادگارِ غزل

سحر رامپوری

غزل کا خالق و پروردگار تھا وہ بھی
مری ہی طرح مگر بے قرار تھا وہ بھی

تمام عمر ہی ناقدریوں کی زد پہ رہا
خود اپنے شہر میں اک بے دیار تھا وہ بھی

اجالے بانٹ گیا شہرِ شب گزیدہ میں
کہ اک چراغِ سرِ رہ گزار تھا وہ بھی

کچھ اس کو زخم دیئے گردشِ ہنر نے اس کے
کچھ اپنی خودنگری کا شکار تھا وہ بھی

رعونتوں کے مقابل تھی تمکنت اُس کی
طبیعتاً تو بڑا خاکسار تھا وہ بھی

بہت دنوں اُسے رکھیں گے یاد اہلِ نظر
کہ اگلے وقتوں کی اک یادگار تھا وہ بھی

میں چاہتا تھا نئے شعر کچھ سنوں اظہر
ہوا کے دوش پہ لیکن سوار تھا وہ بھی

اُستاد رامپوری

مفلسی میں تونگروں جیسا
آدمی وہ قلندروں جیسا

تھا گلابی ظرافتوں والا
طنز کاری میں نشتروں جیسا

ہم سفر وہ سفر کے لمحوں میں
بس رفاقت کے پیکروں جیسا

شور چاروں طرف دُکھوں کا مگر
پُرسکوں وہ سمندروں جیسا

زندگی کے سبھی محاذوں پر
اک سپاہی وہ لشکروں جیسا

اُس کے جاتے ہی مٹ گیا کیسا
نقش وہ سچے منظروں جیسا

قدر اُس کے ہُنر کی کیا کرتا
یہ زمانہ ہے پتھروں جیسا

جیتے جی وہ نہ بن سکا اظہر
آج کل کے سُخنوروں جیسا

نازش نیازی

کیسا رفیق یار جہاں سے گزر گیا
محسوس ہو رہا ہے کہ میں خود ہی مر گیا

پہلے بھی کس سے ذہنی رفاقت تھی شہر میں
مجھ کو بچھڑ کے اور اکیلا وہ کر گیا

ایسی تو دھوپ راہِ وفا میں کبھی نہ تھی
جانے رفاقتوں کا وہ سایہ کدھر گیا

برسوں تک اس کی مہکوں پہ ابہ ہو گی گفتگو
وہ پھول تھا جو شاخ سے ٹوٹا بکھر گیا

کیا شخص تھا کہ ٹوٹتی سانسوں کی ناؤ پر
پُر شور زندگی کا وہ دریا اُتر گیا

اظہر مصاحبوں کی رئیسوں کو کیا کمی
اُن کی بَلا سے مر گیا نازش تو مر گیا

مولانا کلبِ عابد

سلسلہ اک نئے دماغوں کا
حل وہ صدیوں کے اختلافوں کا

تشنہ کاماں علمِ دیں کے لیے
اک سمندر تھا وہ کتابوں کا

اس کو آتا تھا گفتگو کا ہُنر
وہ شہنشاہ تھا خطیبوں کا

کیسے منظر اُبھار دیتا تھا
ذکر کرتا تھا جب شہیدوں کا

دوسروں سے بھی پیار کرتا تھا
یہ غلط ہے کہ تھا وہ اپنوں کا

اک مثالی مقابلہ بھی کیا
دین پر وار کرنے والوں کا

زندہ رہتا جو وہ تو مٹ جاتا
فاصلہ بھی یہ دونوں فرقوں کا

ہم تو جگنو کو روتے ہیں اظہر
وہ تو مینار تھا اُجالوں کا

مولانا وجیہ الدین احمد خاں

آدمیت کا اعتبار تھا تو
واقعی فخرِ روزگار تھا تو

رُومیِ عصرو رازیِ دوراں
علم و دانش کا شاہکار تھا تو

اک مُحدّث بھی تھا فقیہ بھی تھا
صوفیا کا بھی افتخار تھا تو

تری عظمت تھی کج کلاہوں میں
خاکساروں میں خاکسار تھا تو

دردمندوں کا تو مسیحا تھا
دل شکستوں کا غم گُسار تھا تو

حق بیانی سی حق بیانی تھی
آدمی کب تھا کوہ سار تھا تو

یاد آئیں گی صحبتیں تیری
اگلے وقتوں کی یادگار تھا تو

دینِ احمد پہ ابرِ رحمت تھا
خرمنِ کفر پر شرار تھا تو

تو نے یکجا کیا مسلماں کو
واقفِ رازِ انتشار تھا تو

آج محسوس ہو رہا ہے ہمیں
ساری مِلّت کا غم گسار تھا تو

مرثیہ کیا ہے تیری رحلت کا
ایک نوحہ ہے آدمیت کا

کس کے دل میں گداز ہے اتنا
کون غم خوار اب ہے مِلّت کا

کس سے حل چاہیں اب مسائل کا
کون ہے تیری جیسی قامت کا

کس کو اب رہ نما کرے کوئی
مسئلہ ہے نئی قیادت کا

یوں تو اک روز سب کو مرنا ہے
مقتضا بھی ہے یہ مشیت کا

صبر دل کو مگر نہیں آتا
کوئی تجھ سا نظر نہیں آتا

صغیر رامپوری

کھو گیا آج نہ کھونے والا
ہو گیا حادثہ ہونے والا

رہ گیا روتا غزل کا رشتہ
اُٹھ گیا پھول پرونے والا

ہائے وہ شخصیتِ باغ و بہار
گرد ذہنوں کی وہ دھونے والا

مُسکراتے ہوئے اب ڈرتا تھا
قہقہوں میں وہ ڈبونے والا

محترم دوست وہ برسوں کا رفیق
ساتھ ہر موڑ پہ ہونے والا

میرے ہونٹوں سے ہنسا کرتا تھا
میری آنکھوں سے وہ رونے والا

رو لیا میں تو سبھی کو اظہر
کون ہوگا مجھے رونے والا

ایک تاثّر

میں اظہر عنایتی کے اشعار پڑھ کر حسرت اور حیرت کی کیفیت سے آشنا ہوا۔ اُس نے غزل کی بنی بنائی کھائیوں سے باہر نکل کر اپنے ماحول کو دیکھا ہے۔ وہ بیشتر نئے غزل کاروں کی طرح بالا بالا اُڑنے کا کرتب نہیں دکھاتا۔ وہ تو زمین اور اس کے مظاہر اور معاملات کو رومانیت کے حنائی لمس سے روشناس کر کے اچھوتی اور انوکھی پیکر تراشی کرتا ہے۔ مثلاً

ٹوٹ کر چبھ رہا ہے آنکھوں میں　　آئینہ تو نہیں تھا خواب مرا

پڑوس والو دریچوں کو مت کھلا چھوڑو　　تمہارے گھر سے بہت روشنی نکلنے لگی

جس دن تری دیوار یہ گر جائے گی تجھ پر　　پھر کون یہاں ٹھہرے گا اے سایۂ دیوار

رُت بھی سردی کی ہے اور یہ بھی نہیں ہے ممکن　　رات کے واسطے کچھ دھوپ بچا کر رکھ لوں

مزاج ہی میں بزرگوں سی ہم نہیں بدلے　　وہ چہرے مُہرے کی ساری شباہتیں بھی گئیں

یہ ـــــ اور اسی طرح کے بہت سے دیگر تازہ اور نادر محسوسات کو اظہر نے بڑے منفرد اور اثر انگیز اسلوب میں پیش کیا ہے۔ اگر اُس نے تازہ کاری کے اس رُجحان کو برقرار رکھا تو وہ جدید اُردو غزل کے حُسن میں بیش بہا اضافہ کرنے میں مزید کامیاب ہوں گے۔

ڈاکٹر وزیر آغا
سول لائنز ــــ سرگودھا
(پاکستان)